Bunte Bärenwelt

Seit mehr als 30 Jahren steht der Name „Christophorus" für kreatives und künstlerisches Gestalten in Freizeit und Beruf.

Genauso wie dieser Band ist jedes Christophorus-Buch mit viel Sorgfalt erarbeitet: Damit Sie Spass und Erfolg beim Gestalten haben – und Freude an schönen Ergebnissen.

CHRISTOPHORUS
Bücher mit Ideen

BIRGIT UTERMARCK

Bunte Bärenwelt

FENSTERBILDER FÜR GROSS UND KLEIN

CHRISTOPHORUS

Inhalt

6

Bärenspaß

Die Hauptdarsteller dieses Buches sind allen großen und kleinen Bärenfreunden sehr vertraut. Als Teddybären und treue Begleiter haben sie schon Generationen von Kindern durch ihre Jugendzeit geleitet. Und als Titelfiguren vieler Bilderbücher sind die kleinen Bären zu einer nachhaltigen Berühmtheit gelangt.

Hier finden sie sich nun als Motive in originellen Situationen auf farbenfrohen Fensterbildern wieder. Auf ihnen zeigen sie sich mit kleinen Freunden, lassen sich bei Spiel und Sport zusehen oder genießen ihre wohlverdiente Bärenruhe. Auf Reihenschnitten treten die Bärenfiguren gleich gruppenweise auf. Viele der lustigen Bärenmotive eignen sich in starker Verkleinerung auch als Grußkartenschmuck. Darüber hinaus sind im Buch weitere kleine Zeichnungen verteilt, die als Schnittvorlagen für Kartengrüße verwendbar sind.

Ihre plastische, ausdrucksstarke Wirkung erhalten diese Papierbilder auch durch eine liebevolle Ausgestaltung mit zusätzlichen Werkstoffen: Tücher und Flicken bestehen aus textilem Material, Hundeleine und Angelschnur sind aus Bindfaden gefertigt, auf Hosenträger aus Papier werden echte Knöpfe gesetzt.

Wenn die Bärenbilder mit Kindern gearbeitet werden sollen, können sie vereinfacht oder nach eigenen Ideen verändert bzw. ergänzt werden. So lassen sich die Muster auf Jacken und Hosen auch aufmalen oder durch größere Musterungen, z.B. sehr breite Streifen, ersetzen.

Die Motive sind als Anregung für eigene Ideen und Abwandlungen gedacht. Schon durch eine eigene Farbauswahl oder andere interessante Farbkombinationen sowie durch das Hinzufügen oder Weglassen von Details erhalten die Fensterbilder, Reihenschnitte und Grußkarten einen ganz persönlichen, unverwechselbaren Charakter.

Das Material

Die Papiere

Alle hier gezeigten Fensterbilder sind vorwiegend aus *Tonkarton* und *Tonpapier* hergestellt. Beide Materialien zeichnen sich dadurch aus, daß sie während des Herstellungsprozesses bereits in der Papiermasse gefärbt werden, dies ist an den farbigen Schnitt- und Reißkanten erkennbar (im Gegensatz dazu weisen alle bedruckten Papiere, wie etwa Regenbogen-Tonkarton, weiße Schnittflächen auf).

Als Unterscheidungsmerkmal von Tonkarton und Tonpapier gilt das Gewicht, das in Gramm pro Quadratmeter angegeben wird. Tonpapiere werden im Handel mit ca. 130 g/qm angeboten, Tonkarton ist ab 250 g/qm erhältlich.

Eine Sonderstellung nimmt *Tonzeichenpapier (Canson)* ein. Es ist lichtecht ausgerüstet, seine körnig geprägte Oberfläche und die vielen schönen Farben machen dieses Papier zusätzlich interessant. Mit einem Gewicht von 160 g/qm ist es stärker als handelsübliches Tonpapier und kann alternativ zu diesem und zu Tonkarton eingesetzt werden. Canson wird im vorliegenden Buch auch für alle Reihenschnitte verwendet. Bei einigen Bildern werden für beson-

dere Effekte auch *Aluminium-Bastelfolie* sowie *Origami-Faltblätter* und *farbige Wellpappe* eingesetzt.

Die textilen Materialien

Die Kombination der genannten Papiere mit anderen Werkstoffen unterstützt die gewünschte lebendige Wirkung der Fensterbilder. So werden hier kleinere Einzelteile wie Halstücher, Schleifen, Hosenflicken und Bänder aus *dichtgewebten, leichten Baumwollstoffen* bzw. aus *Taft- oder Satinbändern* hergestellt. Dabei empfiehlt es sich, auf eine kleine Musterung zu achten.

Dünner Bindfaden eignet sich für alle Schnüre und Leinen. Außerdem sind auf einigen Bildern aufgenähte *Knöpfe* ein witziger Blickfang.

Das Schneiden

Für sauber ausgeführte Papierarbeiten sind gute Schneidewerkzeuge eine wichtige Voraussetzung. *Scharfe Scheren* in verschiedenen Größen gehören daher zur Grundausstattung. Für Motive mit großzügig geschwungenen Linien ist ein *Papier-*

8

TIP:
Anstelle von Canson können Sie auch Tonpapier verwenden, bei großen Teilen besser Tonkarton.

messer *(Cutter)* ideal. Die Klinge des Gerätes beim Schneidevorgang immer wieder abbrechen, damit die Schärfe erhalten bleibt. Dazu befindet sich im Griff des Cutters ein kleines Hilfsgerät. Bei kleineren Rundungen und Innenformen führt ein *Grafikermesser* mit spitzer, auswechselbarer Klinge zu guten Ergebnissen. Beide Papiermesser nur in Verbindung mit einer *schnittfesten Unterlage* einsetzen. Dazu entweder *feste Pappe* wählen, die wegen der Einschnitte jedoch häufig ausgewechselt werden muß, oder eine spezielle *Schneideunterlage (Cutmat)* benutzen.

Achtung: Für Kinder sind Cutter und Grafikermesser ungeeignet. Sie sollten am besten besondere Scheren mit abgerundeten Ecken verwenden.

Bei einigen Arbeiten sind ein *Bürolocher*, gelegentlich eine *Lochzange* bzw. ein *Locheisen* hilfreich.

Das Kleben

Für die Klebearbeiten an Fensterbildern empfehlen sich *flüssiger Klebstoff* (z.B. UHU flinke flasche), *Alleskleber* (z.B. UHU extra) und *schnelltrocknender Holzleim* (Weißleim, z.B UHU coll). *Weißleim* ist auch für das Vorbereiten und Montieren der Stoffteile geeignet, ebenso zum Befestigen von Wellpappe.

Zur Technik

10

ANMERKUNG:
Alle Fensterbilder und Reihenschnitte sind in Originalgröße auf dem Vorlagenbogen abgedruckt. Die Einzelmotive für die Grußkarten finden sich im Innenteil des Buches.

Das Übertragen der Vorlagen

A. Mit Hilfe von *Kohlepapier* bzw. *Schneiderkopierpapier* und *Bleistift* können die Motivteile direkt auf die Papiere übertragen werden. Die dabei entstehenden Konturlinien beim Ausschneiden der Bildteile unbedingt mit wegschneiden, da sie sich nicht ausradieren lassen.

B. Oder *transparentes Zeichenpapier* auf die Schnittvorlage legen und das Motiv mit einem *harten Bleistift (HB)* durchzeichnen. Dann auf der Rückseite des Transparentpapiers alle Konturen mit einem *weichen Bleistift (2B)* nachfahren. Das Papier mit der Rückseite nach unten auf das Werkmaterial legen und die Linien noch einmal mit einem harten Bleistift durchdrücken.

In gleicher Weise lassen sich auch die Motivvorlagen aus dem Innenteil des Buches übertragen.

Tip: Damit sich die einzelnen Lagen des Papiers nicht verschieben, ist es günstig, sie mit einigen Büroklammern zusammenzuhalten.

Die Vorbereitung der Stoffteile

Die unter B beschriebene Methode ist auch für die Übertragung kleiner Bildelemente auf Stoff geeignet. Dabei die Konturen immer auf die Rückseite des Stoffes übertragen. Da die betreffenden Motive seitengleich sind, entstehen keine Probleme. Beim Auflegen der Vorlage sollte der eingezeichnete Pfeil mit dem Fadenlauf des Stoffes übereinstimmen. Damit die textilen Bildteile beim Anbringen auf das Fensterbild nicht ausfransen, vor dem Ausschneiden Holzleim (Weißleim) auf der Stoffrückseite entlang der Bleistiftlinien dünn auftragen und die späteren Schnittstellen damit verkleben. Mit einer Stoffschere die getrockneten Teile ausschneiden.

Das Fertigen von Fensterbildern

Das Herstellen der Teile

Alle Fensterbilder dieses Buches sind doppelseitig gearbeitet, damit sie von außen und innen attraktiv wirken. Zahlreiche Bildteile werden also zweifach angefertigt. Dazu die betreffenden Motive aus Doppellagen der entsprechenden Papiere ausschneiden. Die Werk-

stücke dabei mit Heftklammern zusammentackern, damit sie sich nicht verschieben.

Das Aufkleben der Bildelemente

Vor dem Zusammenfügen der Fensterbilder die zugeschnittenen Einzelmotive an die vorgesehenen Stellen legen und die Gesamtwirkung überprüfen. Zuerst die großflächigen Teile festkleben, danach die kleineren, dekorativen Bildelemente anbringen (s. Zeichnungen 1 und 2). Es ist ratsam, den Klebstoff sparsam zu verwenden und immer etwas hinter der Schnittkante aufzutragen. So kann beim Zusammenpressen der Teile nichts hervorquellen und die Ränder stehen plastisch ab.

Tip: Klebstoff läßt sich mit einem kleinen Kartonstück gleichmäßig verstreichen.

Die Reihenschnitte

Das Motiv auf transparentes Zeichenpapier übertragen, wie unter B beschrieben. Einen Papierstreifen in der angegebenen Größe aus Canson zuschneiden. Das Transparentpapier auflegen und die Umrisse durchzeichnen. Die erste Faltlinie im Verlauf des seitlichen Motivrandes vorfalzen. Dabei die geschlossene Scherenspitze an einem Lineal entlangführen und das Papier leicht eindrücken. Vorher mit einem Geodreieck den rechten Winkel zwischen Papierkante und Faltlinie überprüfen.
Die erste Faltlinie falten, dann die weiteren, bis das ganze Papier in Ziehharmonikatechnik gefaltet ist. Das Motiv mit dem Cutter oder Grafikermesser ausschneiden, dabei die seitlichen Verbindungsstege beachten. Die Enden des auseinandergefalteten Reihenschnitts noch etwas nacharbeiten (z.B. Ecken abrunden). Zuletzt die dekorativen Motivteile anbringen.

11

Zeichnung 1   *Zeichnung 2*

ANMERKUNG:
Scheren, Alleskleber und Holzleim (Weißleim) sind für alle der vorgestellten Arbeiten nötig. Sie werden deshalb bei den Beispielen nicht jedesmal eigens erwähnt.

Kleine Freunde

Auf dem Schulweg

VORLAGE

Motiv A

MATERIAL

- *Tonkarton in Dunkelbraun, Ocker, Beige, Mittelgrün, Mittelblau*
- *Tonpapier in Hellblau, Hellgrün, Mittelblau*
- *Canson/Tonpapier in Gelb, Weiß, Schwarz*
- *zwei schwarze Filzstifte in verschiedenen Stärken*

- *Locheisen*

1 Alle Körperteile der Bären aus ockerfarbenem Tonkarton doppelt herstellen, nur die beiden Füße des linken Bären sowie den rechten Fuß des rechten Bären einfach fertigen. Jeweils einen Pullover und eine Hose aus blauem und grünem Tonkarton zweifach zuschneiden.

2 Schnauze, Ohrmuscheln, Nase und Augenpunkte anbringen, Pupillen und Maul zeichnen. Die Köpfe an den Pullovern befestigen, dabei die Halstücher dazwischenkleben.

3 Eine Hose mit Streifen, einen Pullover mit Punkten (Durchmesser ca. 0,7 cm) schmücken. Die Hosen an die Pullover kleben und die Füße befestigen, zwischen die mittleren einen schwarzen Konturstreifen kleben. Am rechten bzw. linken Arm die Tatzen anbringen. Die Bären ineinanderschieben (s. Vorlage) und mit einigen Punkten Klebstoff verbinden. Auf den Schultern die Tatzen ergänzen.

4 Die gelbe Tasche mit einer nur am oberen Rand fixierten Klappe versehen,

ihren Rand und den des gelben Blattes mit dünnem Filzstift betonen. Das Blatt unter den Arm des rechten Bären schieben, an der Tatze des linken die Mappe befestigen. Die Krallen einzeichnen und dann die Rückseite des Bildes vervollständigen.

13

Alle meine Gänschen

VORLAGE

Motiv B

MATERIAL

- *Tonkarton in Ocker, Hellrot, Weiß, Gelbgrün, Mittelgrün*
- *Tonpapier in Gelb, Türkisblau*
- *Canson/Tonpapier in Weiß, Beige*
- *Wellpappe in Braun*
- *Knopf in Türkis (ca. 1,3 cm ⊘)*
- *dünner gemusterter Baumwollstoff in Grün*
- *dünnes rotes Nähgarn*
- *schwarzer Filzstift*
- *Nähnadel*
- *Bürolocher*

14

1 Aus ockerfarbenem Tonkarton Oberkörper mit Kopf, Arm und Füße des Bären doppelt, das rechte Ohr und den Schwanz einfach anfertigen. Alle weiteren Bildteile mit Ausnahme des Grasstückes doppelt zuschneiden.

2 Die Hose am Oberkörper befestigen, Füße und Schwanz ergänzen. An den Hosenträger einen Knopf annähen und auf den Bären kleben. Den Arm ergänzen und einen Zweig in die Tatze stecken (s. Vorlage). Mit weißen Locherpunkten aus Canson die Hose schmücken. Einen grünen Flicken aus Tonkarton aufkleben.

3 Ohrmuschel, Augenpunkte und eine Nase aus Wellpappe anbringen, Pupillen und Maul aufmalen. Die Nähstiche am Flicken und die Krallen einzeichnen.

4 Die Gans aus Tonkarton mit Schnabel und Füßen bekleben, einen schmalen türkisblauen Konturstreifen unter den Rand des eingeschnittenen Flügels kleben. Mit Filzstift das Auge und die Schnabellinie betonen. Beide Figuren so auf dem Gras anbringen, daß der Schnabel der Gans am Zweig befestigt werden kann. Die Rückseite ergänzen und dem Bären ein Halstuch aus Stoff (s. Seite 10) umknoten.

Komm, Fifi, komm!

VORLAGE

Motiv C

MATERIAL

- *Tonkarton in Mittelbraun, Türkisblau, Hellgrün, Hellorange, Gelb, Hellbraun, Hellrot, Dunkelblau*
- *Tonpapier in Dunkelrot*
- *Canson/Tonpapier in Hellrot, Beige, Weiß, Schwarz*
- *Wellpappe in Braun*
- *dünner Bindfaden*
- *schwarzer Filzstift*

- *Lochzange oder Bürolocher*
- *Klebefilm*

1 Alle Bildteile zweifach zuschneiden, nur das Ende des Schals und das Wiesenstück einfach fertigen.

2 Aus Kopf, Schal, Pullover, Hose und Füßen den Bären zusammenfügen, hinter dem rechten Hosenbein einen schmalen dunkelblauen Konturstreifen (s. Abb.) anbringen. Den Pullover mit zwei roten Streifen aus Canson bekleben. Den Ärmel nur oben an der Rundung befestigen und mit roten Streifen versehen, mit einem schmalen Konturstreifen aus mittelbraunem Karton hinterkleben.

3 Ohrmuscheln, Schnauze und Augenpunkte aufkleben. Schwarze Pupillen und eine Nase aus Wellpappe ergänzen. Bart und Krallen einzeichnen.

4 Den gelben Hund mit hellbraunen Punkten und einer braunen Schnauze ausstatten. Auge, Ohr und Schnauze mit Filzstift betonen. Das hellrote „Holz"brett mit einem dunkelroten Rand bekleben, vorne ein Loch einstanzen und dort den ca. 16 cm langen Bindfaden verknoten.

5 Den Bären auf die Wiese stellen und den Hund auf dem Brett dahinter anbringen, blaue Räder ergänzen. Das obere Ende der Leine zur Schlaufe knoten und mit Klebefilm hinter der Tatze befestigen. Die Rückseite gegengleich gestalten.

17

Blumenbären

VORLAGE

Motiv D

MATERIAL

- *Canson/Tonpapier in Grün, Mittelbraun, Weiß, Schwarz*
- *Tonpapier in verschiedenen Blau- und Grüntönen, Pink, Rosé, Lila, Gelb, Orange*
- *schwarzer Filzstift*

- *Cutter oder Grafikermesser*
- *Lineal*

1 Aus mittelbraunem Canson einen 21,5 x 62 cm langen Streifen zuschneiden und darauf das Motiv übertragen (s. Seite 11). In Ziehharmonikatechnik falten und den Bären durch alle Lagen hindurch ausschneiden. Alle dekorativen Bildelemente zweifach herstellen und den Reihenschnitt doppelseitig bekleben.

2 Die Köpfe mit beigefarbenen Ohrmuscheln, weißen Augenpunkten und einer schwarzen Nase versehen. Blaue und grüne Hosen anbringen und jeweils mit einem Hosenträger ergänzen. Jeder Bär erhält ein Halstuch und, in passender Farbe, einen Knopf auf den Hosenträger. Pupillen und Schnauze, Hosenbein und Krallen einzeichnen.

3 An den Tatzen der sich gegenüberstehenden Bären jeweils einen grünen Stengel aus Canson anbringen und mit einer gelben bzw. einer weißen Blüte schmücken, die weiße mit einem gelben Mittelkreis verzieren.

18

19

Im Regen

20

VORLAGE

Motiv E

MATERIAL

♦ *Tonkarton in Hell-braun, Hellblau, Türkisblau, Mittel-grün, Dunkelgrün*
♦ *Canson/Tonpapier in Hellrot, Orange, Graublau, Schwarz, Weiß, Gelb*
♦ *Wellpappe in Braun*
♦ *Transparent-Nähfaden*

♦ *Nähnadel*
♦ *Klebefilm*

1 Alle Motivteile doppelt zuschneiden, nur das dunkelgrüne „Innenfutter" des Mantels, die Regentropfen und die Pfütze einfach anfertigen.

2 Den Bären aus Kopf, Hut und Mantel zusammensetzen. Das „Innenfutter" am Mantel befestigen und die roten Stiefel mit türkisblauer Sohle anfügen, hinter den rechten Stiefel einen schmalen schwarzen Konturstreifen kleben.

3 Augenpunkte und Pupillen aus Canson sowie eine Nase aus Wellpappe aufkleben, die Schnauze einzeichnen. Das orangefarbene Hutband, das Gürtelstück am Mantel mit rotem Knopf und die roten Verschlußstreifen ergänzen. Den rechten Ärmel mit der Tatze auf den Mantel kleben, den linken Ärmel mit Armteil (zunächst ohne Tatze) von hinten dagegensetzen.

4 Den türkisblauen Schirm mit zwei hellroten Segmenten bekleben. Den Schirmstock von hinten zunächst nur im Bereich der Schirmspitze befestigen. Den Schirm so anbringen, daß der Stock hinter der Schnauze und vor dem Armteil entlangläuft (s. Abb.). Die linke Tatze darüberkleben. Alle Krallen einzeichnen.

5 An die drei hellblauen Regentropfen jeweils einen Transparent-Nähfaden anknoten. An drei „Stäben" durch den Schirmrand ziehen und mit Klebefilm von hinten an den Schirm kleben.

6 Den Raben mit Schnabel, Füßen und Augenpunkten ausstatten. Pupillen und Schnabellinie einzeichnen. Beide Figuren so auf der graublauen Pfütze anbringen, daß der Schnabel des Raben am Mantelfutter des Bären befestigt werden kann. Die Rückseite ergänzen.

Grußkarten für Bärenfreunde

VORLAGEN

Motive F, G
und Seite 22

MATERIAL

- *Canson/Tonpapier in Gelb, Mittelbraun, Weiß, Schwarz*
- *Tonpapier in Beige, Hellbraun, Hellblau, Türkisblau, Pink, Gelb, Hellgrün*
- *Tonkarton in Dunkelbraun*
- *Wellpappe in Pink, Rosé, Schwarz*
- *Doppelkarte (12 x 17 cm) in Dunkelblau mit Umschlag*
- *schwarzer Filzstift*
- *Deckweiß*

- *feiner Pinsel*
- *Cutter oder Grafikermesser*
- *Lineal*
- *Locheisen*

Mit Brille und Schleife

Einen 9 x 52 cm großen Cansonstreifen in Gelb zuschneiden und den Faltschnitt nach der Beschreibung von Seite 11 anfertigen. Hellbraune Ohrmuscheln und Schnauze, schwarze Augenpunkte aus Canson und eine Nase aus Wellpappe aufkleben. Das Maul zeichnen und mit Deckweiß Lichtpunkte in die Augen tupfen. Brillen in Türkisblau und Hellblau für die Bärenjungen ausschneiden. Die Bärenmädchen erhalten Schleifen aus Wellpappe. Die Rückseite bleibt für eine Beschriftung frei.

Mit Fliege und Perlen

Aus braunem Canson einen 9,5 x 52 cm breiten Streifen zuschneiden und den Faltschnitt wie auf Seite 11 beschrieben erstellen. Mit beigefarbenen Ohrmuscheln, einer Schnauze, weißen Augenpunkten und einer Nase aus Wellpappe gestalten. Die Bären auf beiden Seiten mit Fliegen oder „Perlen"ketten (Punkte von 1,2 cm Durchmesser) schmücken, die Rückseite der Reihenschnittkarte bleibt ansonsten frei.

Kleiner Bär

Den Bären aus braunem Canson auf ein 6,5 x 7,5 cm großes Rechteck aus hellgrünem Tonpapier kleben. Augenpunkte, Ohrmuscheln, Schnauze und Nase anbringen. Pupillen und Maul zeichnen. Der Bär erhält eine pinkfarbene Fliege aus Tonpapier. Mit dem grünen Hintergrund auf die Karte kleben.

22

Spiel und Sport

Auf ans Meer!

VORLAGE
Motiv H

MATERIAL
♦ *Tonkarton in Ocker, Hellgrün, Gelb*
♦ *Tonpapier in Tintenblau*
♦ *Canson/Tonpapier in Weiß, Türkisblau, Beige*
♦ *Wellpappe in Braun*
♦ *Origami-Faltblatt in Hellblau (20 x 20 cm)*
♦ *schwarzer Filzstift*

1 Sämtliche Bildelemente außer dem linken Ohr, den beiden Füßen und der gelben Flasche doppelt herstellen. Am Kopf des Bären das linke Ohr von hinten fixieren, eine Ohrmuschel, Augenpunkte und die Nase aus Wellpappe aufkleben. Pupillen und Schnauze zeichnen.

2 Die Hose am Oberkörper befestigen, das rechte Beinteil und beide Füße anbringen. Die Hose mit türkisblauen Streifen schmücken. Den Arm nur im Bereich der Armkugel ankleben. Den Rucksack ergänzen, dabei die Enden des Trageriemens hinter den Arm stecken. Die Flasche mit weißem Deckel dahinterkleben. Ein tintenblaues Tuch mit weißen Canson-Punkten mustern und den Bären damit ausstatten. Die Krallen einzeichnen.

3 Für das Segelboot ein 10 x 18,5 cm großes Rechteck aus Origamipapier schneiden und nach dem angegebenen Schema (Zeichnungen 1–6) falten. Das Boot hinter den „Daumen" des Bären klemmen und dort fixieren. Das Fensterbild auf der Rückseite vervollständigen.

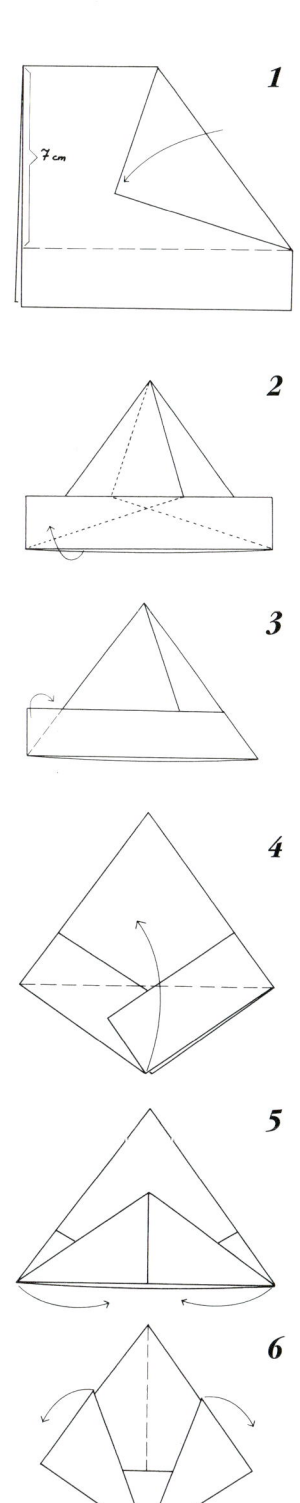

1

2

3

4

5

6

Auf Schmetterlingsjagd

26

VORLAGE
Motiv J

MATERIAL
- *Tonkarton in Mittelbraun, Pink, Hellblau*
- *Tonpapier in Violett, Gelb*
- *Canson/Tonpapier in Orange, Beige, Rosé, Weiß, Schwarz, Gelbgrün*
- *Wellpappe in Schwarz*
- *gemustertes Satinband in Weiß (1 cm breit, 30 cm lang)*
- *schwarzer Filzstift*

1 Aus Tonkarton den Körper des Bären einfach, alle sonstigen Bildteile doppelt schneiden. Den Kopf aufkleben und das rechte Ohr von hinten daran befestigen. Eine beigefarbene Ohrmuschel, weißen Augenpunkt, schwarze Pupille, ein roséfarbenes Pflaster sowie eine Nase aus Wellpappe anbringen.

2 Den linken Arm nur an der Rundung und die Hose mit einem Querstreifen als Teil des Hosenträgers anbringen. Darüber die zwei Westenteile kleben. Ein Herz schmückt die Hose.

3 Den gitterartigen Kescher aus hellblauem Tonkarton so anbringen, daß der lange Griff am rechten Arm und der Netzrand am Ohr befestigt werden kann. Die linke Tatze aufkleben. Den Schmetterling mit violettem Körper und gelben Punkten an der Netzöffnung fixieren.

4 Die Schnauze und alle Krallen einzeichnen, dann das Bild auf der Rückseite ergänzen. Ein Satinband um den Hals des Bären legen und mit einem doppelten Knoten sichern.

27

Petri Heil!

VORLAGE

Motiv K

MATERIAL

- ◆ *Tonkarton in Ocker, Tintenblau, Violett, Hellgrün, Mittelgrün, Gelb, Türkis, Dunkelbraun, Hellgrau*
- ◆ *Tonpapier in Dunkelviolett, Gelbgrün*
- ◆ *Canson/Tonpapier in Türkisblau, Beige, Weiß, Schwarz*
- ◆ *Bastelfolie in Silber*
- ◆ *Wellpappe in Braun*
- ◆ *ein Stück dünner Draht*
- ◆ *dünner Bindfaden*
- ◆ *schwarzer Filzstift*

- ◆ *Lochzange*

1 Alle Motivteile doppelt schneiden, nur das linke Armteil, den Fisch für die Angel und die Wiese einfach anfertigen.

2 Die Hose mit Streifen in Dunkelviolett bekleben (s. Vorlage). Den Bären aus Kopf mit Halstuch, Jacke (Canson) und Hose zusammensetzen. Die Füße ergänzen, hinter den rechten Fuß einen schmalen schwarzen Konturstreifen kleben. Auch die Hosenbeine mit einem schwarzen Streifen betonen.

3 Die Mütze anbringen und mit einer Krempe bekleben. Den rechten Ärmel mit der Tatze nur an der Rundung fixieren, den linken Ärmel mit Armteil und Tatze von hinten befestigen. Je eine türkisfarbene Blende aus Tonkarton auf die Ärmel setzen. Die Jacke erhält drei Knöpfe. Ohrmuschel, Schnauze, Augenpunkte und Pupillen ergänzen, die Nase aus Wellpappe ankleben. Maul und Krallen einzeichnen.

4 Den Fisch für die Angel aus hellgrauem Tonkarton beidseitig mit Bastelfolie bekleben und auf jeder Seite zusätzlich ein Kopfstück mit gewelltem Rand ergänzen. Ein schwarzes Auge anbringen und ein Loch einstanzen. Den zweiten Fisch nur einseitig bekleben.

5 Den Bären auf das Wiesenstück stellen. Den mittelgrünen Eimer mit gelbgrünen Rändern und einem gelben Henkel bekleben. Entlang des oberen Streifens einschlitzen, den Fisch hineinstecken und den Eimer auf die Wiese setzen.

5 Die Angelrute hinter die Tatzen kleben und das Bild auf der Rückseite gegengleich arbeiten. An die dann doppelte Rute einen Bindfaden knoten. Aus Draht einen Haken biegen und an der Angelschnur befestigen, zum Schluß den Fisch daranhängen.

29

Das Steckenpferd

VORLAGE
Motiv L

MATERIAL
♦ *Tonkarton in Weiß, Gelb, Ocker, Hellrot, Hellgrün, Dunkelbraun*
♦ *Tonpapier in Mittelbraun, Mittelblau, Hellrot*
♦ *Canson/Tonpapier in Weiß, Beige, Graublau, Hellrot*
♦ *dünner Bindfaden*
♦ *schwarzer und roter Filzstift*

30

1 Sämtliche Bildteile bis auf den linken Fuß, die linke Tatze und die Peitsche zweifach zuschneiden. Den Pullover von hinten gegen den Kopf und von vorne auf die Hose kleben. Die Füße fixieren, den rechten Ärmel nur oben an der Rundung befestigen, den linken von hinten gegenkleben und beide Tatzen ergänzen.

2 Den Kopf mit Augenpunkten, Ohrmuscheln, Schnauze und Pupillen aus Canson ausgestalten. Eine dunkelbraune Nase aufkleben. Das mittelblaue Stirnband mit einer roten Zackenlinie aus Tonpapier am Kopf anbringen. Mit Rot eine Struktur auf die weiße Feder (Tonkarton) zeichnen und ebenfalls befestigen. Den Pullover mit einem roten Tonpapierstreifen versehen. Dem Bären die braune Tasche mit der nur oben aufgeklebten Klappe an zwei Riementeilen umhängen (s. Abb.).

3 Das Pferd aus Tonkarton mit rotem Zaumzeug aus Tonpapier ausstatten. Darüber die Mähne mit nur wenigen Punkten Klebstoff anbringen. Eine graublaue Ohrmuschel und schwarze und weiße Augenpunkte ergänzen. Mit Schwarz die Pupille, das Maul des Pferdes und des Bären und die Krallen zeichnen.

4 Den dunkelbraunen Stab von hinten gegen das Pferd kleben und durch den Beinschlitz des Bären ziehen. Unten mit einem weißen Rad abschließen lassen, darauf einen roten Kreis anbringen. Das Zaumzeug mit zwei blauen Kreisen und einem blauen Zügel aus Tonpapier dekorieren. Dem Bären eine dunkelbraune Peitsche hinter die Tatze kleben. Daran eine Schnur aus Bindfaden befestigen und mit einigen Knoten in Form bringen. Das Bild auf der Rückseite gegengleich arbeiten.

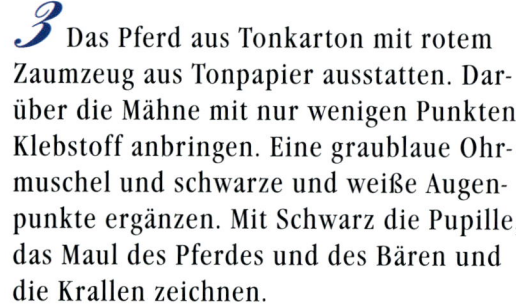

31

Skivergnügen

VORLAGE

Motiv M

MATERIAL

♦ *Tonkarton in Hellrot, Hellblau, Mittelgrün, Dunkelbraun*

♦ *Tonpapier in Hellgrün, Dunkelblau, Hellbraun*

♦ *Canson/Tonpapier in Gelb, Türkisblau, Weiß, Schwarz, Mittelbraun*

♦ *rotes Stickgarn*

♦ *schwarzer Filzstift*

♦ *ein kleiner Streifen Pappe*

♦ *Deckweiß*

♦ *feiner Pinsel*

32

1 Das „flatternde" Ende des Schals und den oberen Ski einfach, alle anderen Bildteile doppelt herstellen.

2 Für den großen Bären den Pullover und beide Teile der Hose aus Tonkarton zusammensetzen, Kopf und Füße ergänzen. Den türkisblauen Schal und eine Mütze anbringen, die Krempe an beiden Enden mit nur wenigen Punkten Klebstoff befestigen.

3 Für den Bommel rotes Stickgarn mehrfach um einen 2,5 cm breiten Pappstreifen wickeln, einen Faden längs durchziehen und das Garn damit zusammenbinden. Die Wickelfäden aufschneiden und den Faden von hinten an der Mütze befestigen. Den Bommel samt Faden dünn mit Weißleim einstreichen, damit er waagerecht absteht.

4 Schwarze Augenpunkte und eine dunkelbraune Nase anbringen, eine weiße Schneebrille unter die Mütze schieben. Über der Krempe das Ohr mit Muschel anfügen. Mütze und Pullover mit einer weißen Zackenlinie schmücken. Den rechten Ärmel mit Tatze nur an der Armkugel befestigen.

5 Den kleinen Bären aus Pullover, Hose und Schal aus Tonkarton mit Kopf und Füßen zusammenfügen. Die Mütze ergänzen und den Ärmel mit Tatze nur an der Armkugel aufkleben. Schwarze Augenpunkte, eine dunkelbraune Nase und hellbraune Ohrmuscheln anbringen. An beiden Bären Schnauze und Krallen einzeichnen. Etwas Deckweiß als Lichtpunkte in die Augen tupfen.

6 Die beiden Ski mit einem schmalen weißen Konturstreifen dazwischen (s. Abb.) aneinanderkleben. Den großen Bären auf die Ski stellen und den kleinen daran befestigen. Mit Skistöcken und einer dunkelblauen Bindung versehen, dann die Bildrückseite vervollständigen.

Bärenreigen

VORLAGEN
Motive N, O

MATERIAL
Tanzende Bären:
- ♦ *Canson/Tonpapier in Ocker, Weiß*
- ♦ *Tonpapier in Pink, Lila, Gelbgrün, Türkisblau, Gelb, Orange, Hellrot, Dunkelblau, Hellblau, Beige, Braun*

Sitzende Bären:
- ♦ *Canson/Tonpapier in Hell-Ocker, Weiß, Dunkelblau*
- ♦ *Tonpapier in Gelb, Beige, Orange, Hellrot, Violett, Hellgrün, Gelbgrün, Türkisblau, Dunkelblau, Dunkelbraun*

- ♦ *schwarzer Filzstift*
- ♦ *Grafikermesser oder Cutter*
- ♦ *Lineal*
- ♦ *Locheisen*

Tanzende Bären

1 Aus Canson einen 22 x 65 cm langen Streifen zuschneiden und das Motiv nach der Anleitung von Seite 11 übertragen. In Ziehharmonikatechnik falten und die Bären ausschneiden. Alle Bildteile doppelt fertigen.

2 Mit Ohrmuscheln, Schnauze, Augenpunkten und einer Nase ausgestalten. Eine türkisblaue, grüne, dunkelblaue und hellrote Hose anbringen. Die grüne Hose mit Sternen und Knöpfen, die Weste mit Streifen, die Schürze mit Streifen und den Pullover mit Punkten (ca. 0,8 cm Durchmesser) schmücken. Der zweite Bär erhält eine gelbe Fliege, der letzte ein blaues Halstuch. Pupillen, Maul und die Knopfleiste der Weste einzeichnen, die Rückseite vervollständigen.

Sitzende Bären

1 Einen 19 x 63 cm langen Streifen aus Canson zuschneiden und die Bären nach der Anleitung von Seite 11 übertragen und falten, dann ausschneiden. Die Bildteile für Kopf, Hosen und Fliegen doppelt fertigen.

2 Ohrmuscheln, Schnauze, Augenpunkte und eine Nase anbringen (s. Abb. auf Seite 9). Jeweils eine orangefarbene, violette, gelbe und hellrote Trägerhose aufkleben und daran bunte Knöpfe dekorieren. Die Bären mit einer gelbgrünen, dunkelblauen, türkisblauen und hellgrünen Fliege schmücken. Maul, Bein- und Fußlinien einzeichnen, dann die Rückseite ergänzen.

Mach mal Pause

Sommerträume

36

VORLAGE

Motiv P

MATERIAL

- ◆ *Tonkarton in zwei Grüntönen, zwei Gelbtönen, Mittelbraun, Orange*
- ◆ *Tonpapier in Pink, Beige*
- ◆ *Canson/Tonpapier in Gelb, Türkisblau, Schwarz, Weiß*
- ◆ *2 gelbe Baumwollbänder (je 1 cm breit, 30 cm lang)*
- ◆ *schwarzer Filzstift*
- ◆ *Klebefilm*

1 Mit Ausnahme der Wiese sämtliche Bildelemente doppelt anfertigen. Den Kopf auf den Körper setzen und mit einem weißen Augenpunkt, einer schwarzen Nase und einer Wange in Pink bekleben. Das rechte Ohr ergänzen und das linke mit einer Ohrmuschel vervollständigen.

2 Die Hose anbringen, pinkfarbene Streifen darauf anordnen (s. Vorlage). Den Arm nur an der Armkugel befestigen und den Fuß mit einer Sohle versehen. Schnauze, Hosenbein, Bein- und Fußlinie sowie die Krallen einzeichnen. Ein gelbes Band um den Hals des Bären knoten. Für das Kissen eine Spirale ausschneiden und mit einem weißen Hintergrund versehen.

3 Den Bären auf eine grüne Wiese legen, das Kissen unter den Kopf schieben und einen Blumenstengel an Kopf- und Fußende kleben. An den Stengeln und auf der Wiese gelbe Blüten mit pinkfarbener Mitte anbringen. Das Bild auf der Rückseite ergänzen.

4 Für die Sonne 14 etwa 0,6 cm breite und etwa 6 bis 9 cm lange Streifen aus Tonkarton in Gelb und Orange einfach ausschneiden. Zwischen die doppelt gefertigte Sonnenmitte (Durchmesser 5 cm) kleben. Bärenbild und Sonne getrennt mit Röllchen aus Klebefilm an der Fensterscheibe befestigen.

Honigbär

VORLAGE

Motiv R

MATERIAL

- *Tonkarton in Ocker, Rot, Weiß, Türkisblau*
- *Canson/Tonpapier in Weiß, Schwarz, Dunkelbraun, Gelb*
- *Tonpapier in Pink*
- *dünner gemusterter Baumwollstoff in Blau*
- *roter Knopf*
- *rotes Nähgarn*
- *zwei schwarze Filzstifte in verschiedenen Stärken*

- *Nähnadel*
- *Locheisen*
- *Klebefilm*

1 Alle Bildteile doppelt anfertigen, die Fühler und Flügel der Bienen nur einfach zuschneiden.

2 Den Bären aus Kopf, Armen und Füßen, Pullover und Hose zusammenfügen, dabei die Arme nur von hinten an den Ärmeln befestigen, sonst lose lassen. Schnauze, Ohrmuscheln, Nase und Augenpunkte ankleben. Den Pullover mit weißen Punkten (ca. 0,6 cm Durchmesser) schmücken. Auf das runde Ende des Hosenträgers einen Knopf nähen und den Träger befestigen (s. Abb.). Auf den Füßen die Fußsohlen und Zehen ergänzen.

3 Das weiße Honigglas aus Tonkarton mit gelbem „Honig" bekleben, einen pinkfarbenen Aufkleber anbringen. Das Glas so auf der Hose befestigen, daß das runde Innenteil der Öffnung getrennt

fixiert wird und die linke Tatze in das Glas hineinfassen kann.

4 Die Bienen mit schwarzen Streifen und weißen Augenpunkten dekorieren. Fühler und Flügel von hinten ankleben, das Gesicht zeichnen. Dem Bären Pupillen und Maul, die Krallen und die Ärmelumschläge aufmalen. Mit einem dünneren Stift den Aufkleber umranden.

5 Die Bildrückseite gegengleich arbeiten. Dem Bären ein blaugemustertes Tuch zuschneiden (s. Seite 10) und um den Hals knoten. Alle drei Figuren mit kleinen Röllchen Klebefilm an der Fensterscheibe befestigen.

Ruhepause

VORLAGE

Motiv S

MATERIAL

- *Tonkarton in Dunkelgrün, Hellrot, Türkisblau, Mittelbraun, Lila*
- *Tonpapier in Hellbraun*
- *Canson/Tonpapier in Gelb, Schwarz, Dunkelblau*
- *Regenbogen-Tonkarton mit Farbverlauf Gelb-Grün*
- *Wellpappe in Schwarz*
- *dünner gemusterter Baumwollstoff in Rot*
- *schwarzer Filzstift*
- *Deckweiß*

- *feiner Pinsel*

1 Den dunkelgrünen Baum einfach zuschneiden und mit 19 bis 20 gelb-grünen Blättern schmücken. Dafür die Blätter aus Regenbogen-Tonkarton doppelt ausschneiden, mittig falzen und leicht falten. Für den Bären nur den Spazierstock aus Tonkarton einfach herstellen, alle weiteren Bildteile doppelt fertigen.

2 Pullover und Hose aneinanderkleben. Die Hose mit einem blauen Karogitter (s. Vorlage) mustern und mit einem 2 x 2 cm großen Flicken aus Stoff dekorieren. Das Hosenträgerteil ergänzen und mit zwei schwarzen Knöpfen aus Canson schmücken. Den Schal und den Kopf des Bären befestigen. Schwarze Augen, Schnauze, Ohrmuscheln und eine Nase aus Wellpappe anbringen. Die Füße erhalten hellbraune Sohlen.

3 Den Bären an den Baum lehnen. Den Arm mit Tatze nur im Schulterbereich anbringen. Am linken Hosenbein den Spazierstock fixieren. Dem Vogel Schnabel und Füße ankleben und auf den Griff des Stockes setzen. Das Maul, die Hosenbein- und Fußlinie sowie die Tatzen des Bären einzeichnen. Mit Deckweiß Lichtpunkte in die Augen von Bär und Vogel tupfen. Alle Bildteile auf der Rückseite deckungsgleich aufkleben.

40

Fahrt ins Grüne

MATERIAL

- *Tonkarton in Ocker, Hellblau, Weiß, Hellgrün, Dunkelblau*
- *Canson/Tonpapier in Blau, Hellrot, Dunkelrot, Braun, Beige, Weiß, Schwarz*
- *Tonpapier in Rot*
- *dünner Bindfaden*
- *schwarzer Filzstift*

1 Sämtliche Bildelemente zweifach herstellen. Zwei Räder am Rahmen des Motorrollers befestigen. Schutzbleche und Trittbrett mit einem dunkelroten Streifen markieren. Vorne eine Lampe und hinten ein blaues Schutzblech anbringen. Die Lenkstange ankleben. Eine hellblaue Sitzbank, weiße Radkappen und ein weißes Licht aus Tonkarton ergänzen.

2 Den Bären aus Kopf, blauem Schal, weißem Pullover, Hose und Fuß (alles aus Tonkarton) zusammenfügen. Die Mütze aufsetzen (s. Abb.) und beide Ohren ergänzen. Das rechte Ohr erhält eine Ohrmuschel. Augenpunkte und Nase aufkleben.

3 Den Schal mit weißen Blockstreifen aus Canson bekleben, auf dem Pullover nur im Brustbereich rote Streifen aus Tonpapier anbringen. Die zwei Teile der grünen Weste befestigen und den linken weißen Ärmel daraufkleben, den rechten von hinten dagegensetzen, mit roten Tonpapierstreifen versehen.

4 Den Bären so auf den Motorroller setzen, daß die Hände das Lenkrad greifen, das untere Ende der Hose lose lassen. Den Hund in seinem blauen Korb am Bären und der Sitzbank fixieren.

5 Die Nähte der Mütze, Maul und Krallen des Bären, dem Hund Augen und Maul einzeichnen. Am Hund noch eine braune Nase ankleben und die Ohren abknicken. Die Bildrückseite ergänzen und einen Bindfaden um das Bein des Bären knoten.

42

43

Bärengrüße

VORLAGEN
s. Seiten 4, 12, 36, 44

MATERIAL

- *Canson/Tonpapier in Ocker, Mittelbraun*
- *Tonpapier in Gelbgrün, Blaugrün, Grasgrün, Rosé, Pink, Rot, Lila, Türkisblau, Schwarz, Dunkelbraun, Beige*
- *Doppelkarten (12 x 17 cm) in Dunkelblau, Türkis, Gelbgrün, Hellgrün mit passenden Umschlägen*
- *schwarzer Filzstift*
- *Bürolocher*

Bär mit Tulpe

Am ockerfarbenen Körper die blaugrüne Hose und Hosenträger mit rotem „Knopf" befestigen. Die beigefarbene Ohrmuschel, eine dunkelbraune Nase und eine Wange in Pink aufkleben. Augen, Maul, Hosenbein, Fußlinie und Tatzen einzeichnen. Hinter die Tatze einen gelbgrünen Stengel mit roter Blüte stecken.

Sitzender Bär

Den Bären aus Pullover, Hose, Tuch und ockerfarbenem Kopf zusammenfügen. Mit beigefarbenen Ohrmuscheln, Schnauze und einer Nase ausgestalten. Die Hosenträger ergänzen und mit gelbgrünen „Knöpfen" schmücken. Die Tatzen unter die Ärmel schieben und die Füße mit Sohlen befestigen. Das Maul einzeichnen.

Bär im Gras

Auf den mittelbraunen Körper einen gelben Anzug kleben und mit Punkten (Bürolocher!) versehen. Ein Halstuch befestigen. Das Armstück anbringen, dabei das Gesicht in den Schlitz zwischen den beiden Vordertatzen stecken. Eine beigefarbene Ohrmuschel, pinkfarbene Wange und die schwarze Nase ergänzen. Augen, Maul, Krallen, Arm- und Beinlinie aufmalen. Den Bären auf das Gras legen.

Bär mit Mappe

Aus mittelbraunem Kopf, Pullover, Hose und Halstuch den Bären zusammensetzen, Tatzen und Füße ergänzen. Beigefarbene Ohrmuscheln, Schnauze und eine schwarze Nase aufkleben. Unter dem Arm die gelbe Mappe und auf der Hose ein roséfarbenes Herz anbringen. Maul und Krallen einzeichnen.

Birgit Utermarck, die mit ihrer Familie in der Nähe von Hannover lebt, ist ausgebildet als Berufsschullehrerin für Textilgewerbe. Seit fast zwanzig Jahren gibt sie Kurse für Textil- und Papiergestaltung. Bei Christophorus hat sie erfolgreiche Bücher zum Thema „Papierschmuck" veröffentlicht.

© 1998 Christophorus-Verlag GmbH
Freiburg im Breisgau

Alle Rechte vorbehalten –
Printed in Belgium

ISBN 3-419-53571-6

Styling und Fotos: Roland Krieg, Waldkirch
Textredaktion: Dr. Ute Drechsler-Dietz
Zeichnungen: Birgit und Klaus Utermarck
Umschlaggestaltung und Layoutentwurf:
Network!, München
Produktion: Print Production, Umkirch
Druck: Proost, Turnhout 1998